NAVATEJARES

ESTE ES NUESTRO PUEBLO

Nicolás García Díaz

Federico García Prieto

ISBN Libro en papel: 978-84-685-9309-8
ISBN eBook en PDF: 978-84-685-9310-4

Impreso en España

Editado por Bubok Publishing S.L

INDICE

Navatejares

municipio de España

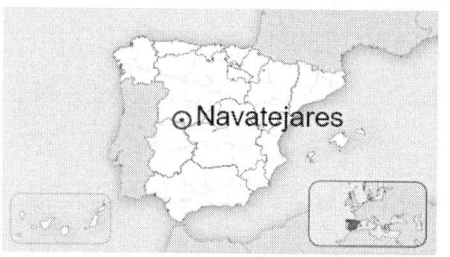

Ubicación de Navatejares en España.

Bandera

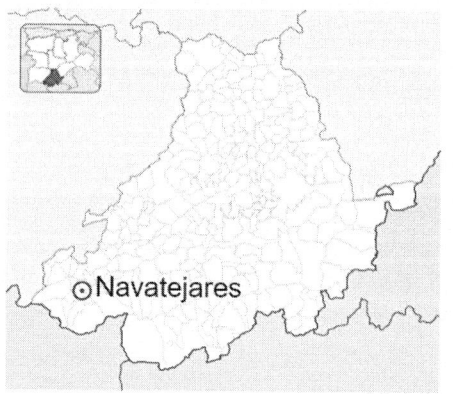

Ubicación de Navatejares en la provincia de Ávila.

Quinta del chocolatero.

Escudo español cuadrilongo de base redondeada. Cortado:

1.º las armas de la Casa Ducal de Alba de Tormes.

2.º en campo de oro, una banda de azur (azul) y acompañada en lo alto de una vaca de gules (rojo), y, en lo bajo, de una sierra al natural.

Al timbre, corona real cerrada que consiste en un círculo de oro engastado de piedras preciosas, sumado de ocho florones de hojas de acanto, de los cuales tres aparecen ocultos y visibles cinco, interpoladas de perlas, y de cuyas hojas salen diademas sumadas de más perlas, que convergen en un mundo de azur (azul) con el semimeridiano y el ecuador de oro sumado de cruz de oro. La corona forrada de gules (rojo).

(Boca del escudo y corono según artículos 11 y 12 del Decreto 105/1991, de 9 de mayo, de la Junta de Castilla y León).

PRÓLOGO

Todo libro que se precie debe llevar un pequeño prólogo. Ahora bien, para comenzar tenemos que decir que no pretendemos hacer una gran obra de arte. No. Simplemente tratamos de hacer llegar a las generaciones actuales cómo se vivía en Navatejares cuando el pueblo estaba en su apogeo. Ello ocurría allá por los años 1930 a 1960. Tratamos de hacer un libro modesto, sin grandes pretensiones. Eso sí: se hará con mucho cariño.

Ambos autores nacimos y pasamos nuestra niñez y parte de nuestra adolescencia en el pueblo. Pero, pese a haber vivido fuera de él desde que teníamos 10 o 15 años, lo llevamos muy dentro de nuestros corazones. Tanto amor le tenemos que nos duele profundamente ver cómo poco a poco se va quedando solo, con poca vida y con un futuro muy preocupante.

A partir de nuestra salida "definitiva" de él, buscando una vida mejor, hemos regresado siempre que nuestros trabajos nos lo han permitido, sobre todo durante los veranos. Ahora que estamos jubilados hemos vuelto con más frecuencia. Cada vez que venimos nos invaden los recuerdos de la infancia y sentimos un gran dolor al ver que se va quedando sin vida y que, a medio/largo plazo, corre verdadero peligro de desaparecer debido a la despoblación que padece. Esta se viene dando desde la década de los años 50/60 hasta el día de hoy y no augura nada bueno.

En la actualidad, en nuestras estancias en el pueblo solemos salir a caminar todos los días, cambiando cada día de itinerario. Ello nos permite constatar la situación de abandono de todo su término municipal. Nos duele contemplar sus campos, otrora debidamente labrados y sembrados, ahora totalmente abandonados, dando paso a todo tipo de árboles, espinos y matas que van adueñándose de todo el paisaje.

Hemos decidido escribir este librito pensando precisamente en las nuevas generaciones, que podrían llegar a pensar que Navatejares ha sido siempre tal y como es en estos tiempos. ¡No es verdad! El pueblo no siempre fue así. Ha tenido mucha más vida de la que hoy se le supone. Para comenzar, hay que decir que hubo unos tiempos en que llegó a tener unos 600 habitantes. Se vivía de la agricultura y de la ganadería, y por consiguiente se trabajaba el campo y se atendía a los animales. Se sembraban judías, patatas y manzanas, y en cada familia había varios tipos de animales: vacas, ovejas, cabras, cerdos, gallinas, etc. Había total armonía con la naturaleza, tema este que está tan de moda en la actualidad.

Este pequeño ensayo queremos que traiga algunos de nuestros recuerdos, además de una serie de datos relativos al pueblo. Esperamos así que este libro sea lo más atractivo posible para quienes lo lean y ayude a revivir de alguna manera lo que ha sido y es Navatejares. Este es nuestro pueblo.

Federico García Prieto

1.- ¿DÓNDE ESTAMOS?

Navatejares es un pequeño pueblo de la provincia de Ávila que se asienta en medio de un hermoso valle. Digo "un hermoso valle" y lo digo con razón. Por él discurre el río Tormes, que recoge las aguas de la garganta de los Caballeros, de la garganta de Galingómez y de otras gargantas que bajan del circo de Gredos. Lo arropa el Sistema Central. Por el levante el circo de Gredos; por el sur la sierra de Navalonguilla, lasSierra de la Nava y la sierra de Galingómez; por el oeste las sierras de Solana – por la provincia de Ávila - y la de Candelario – por la provincia de Salamanca. Por el norte nos encontramos con la llanura salmantina. Navatejares dista 12 kilómetros del puerto de Tornavacas, donde da comienzo la región de Extremadura. Si caminamos y tomamos la carretera que une El Barco con Béjar, a 15 kilómetros topamos ya con la provincia de Salamanca.

A continuación, se exponen los elementos más básicos para localizar nuestro pueblo:

Ubicación de Navatejares	
Comunidad Autónoma	Castilla y León
Provincia	Ávila
Partido Judicial	Piedrahita
Comarca	Alto Tormes

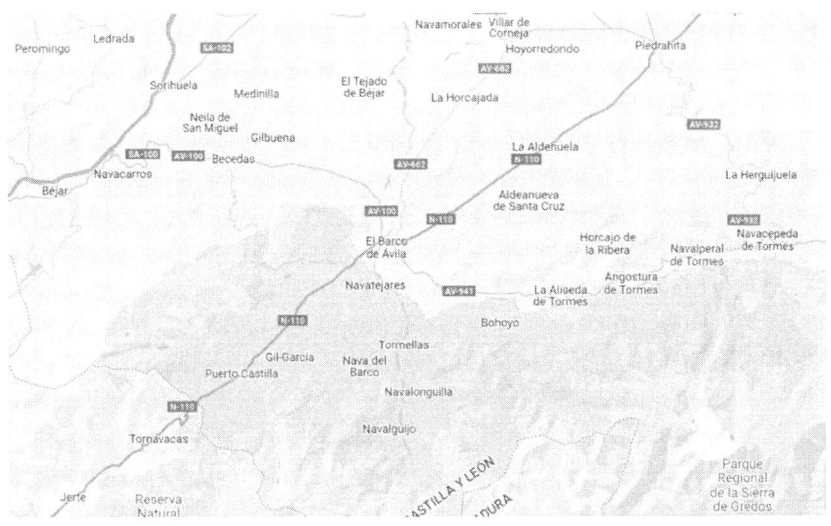

Noroeste: La Carrera	Norte: El Barco de Ávila	Noreste: El Barco de Ávila
Oeste: Umbrías		Este: Los Llanos de Tormes
Suroeste: Nava del Barco	Sur: Nava del Barco	Sureste: Tormellas

Limitación de Navatejares con los pueblos más cercanos.

2.- <u>DATOS BÁSICOS A TENER EN CUENTA</u>

Altitud	1.049 m
Superficie	11 km^2
Población	50 habitantes (2024)
Densidad	4,96 hab / km^2
Gentilicio	Navatejareño
Distancia a la capital	83 km
Sitio web	www.navatejares.es
Centro de Acción Social	C.E.A.S de Barco
Entidades del municipio	Cabezas Altas Cabeza Bajas

3.- ¿DE DÓNDE VENIMOS?

En los primeros tiempos el Barco llegó a tener 83 "Barrios" o "Anejos". Varios "Barrios" formaban una "Tribu" y varias "Tribus" conformaban un "Castro" o "Villa". Los "Castros", confederados, dieron origen a "Territorios" o "Naciones".

¿QUIÉNES FUERON NUESTROS ANTEPASADOS?

Los primeros habitantes que ocuparon nuestra tierra fueron los Vetones. Vetonia era una población indígena, que constituía una "Región" y una "Nacionalidad". Comprendía la actual provincia de Salamanca, la mayor parte de la actual provincia de Ávila, incluida la zona de El Barco, casi toda la actual provincia de Cáceres, gran parte de la actual provincia de Badajoz y un poco de la Provincia de Zamora.

Vetonia estaba habitada por dos clases de gente: los vetones del Tormes, con su capital en Salamanca y los vetones del Tajo, con su capital en lo que hoy es el pueblo de Caparra en la provincia de Cáceres. Entre los vetones se alternaba el pastoreo y el cultivo de la tierra. Su organización política y administrativa constituía un notabilísimo y práctico comunismo ibero.

En los siglos XI y XII llegó la repoblación de la comarca del Tormes tras la expulsión de los musulmanes, que dominaron anteriormente la península, desde el siglo VIII al siglo XI. Primero llegaron los pastores con ovejas, vacas y cabras. En el siglo XIII llegaron los pobladores del norte de la península y empezaron a crear sus núcleos urbanos.

En el siglo XIV aparecieron varios nombres de pueblos de la zona, pero Navatejares y sus anejos y la Carrera y sus anejos no estaban entre ellos. En la primera mitad del siglo XV solo había 6 aldeas con iglesia, pila bautismal y curato. Entre ellas no estaba Navatejares. En el primer tercio del siglo XVI eran 14 las aldeas que tenían iglesia, pila bautismal y curato, pero no aparecían ni Navatejares ni la Carrera, porque seguían siendo anejos del Barco, que en el año 1587 tenía 14 "Lugares" o "Barrios" pertenecientes a su pila bautismal.

A finales del siglo XVIII fueron constituidas en parroquias autónomas la Carrera con sus anejos y Navatejares con sus anejos (Cabezas Altas, Cabezas Bajas, Canaleja y la Retuerta).

LOS TERRITORIOS DE EL BARCO

Los territorios de El Barco se dividieron en pequeñas demarcaciones, llamadas "Cuarto" o "Sesmo". El "Sesmo" se define como parte de una división territorial que comprende cierto número de tribus asociadas para la administración de sus bienes.

Al frente del "Sesmo" estaba el "sesmero", que era el oficial municipal elegido por el consejo de vecinos para asignar a quienes correspondiera las heredades del "Sesmo" y para recaudar los tributos a pagar a la hacienda pública.

ASOCIACIÓN DE VILLA Y TIERRA DE EL BARCO

La Asociación de Villa y Tierra del Barco se dividía en cuatro Cuartos o Sesmos. Eran los siguientes:

- ❖ CUARTO o SESMO DE ARAVALLE: lo constituían la Tribu del Puerto y sus anejos, la Tribu de Gilgarcía y la Tribu de Umbrías y sus anejos.

- ❖ CUARTO o SESMO DE SAN BARTOLOMÉ: lo constituían la Tribu de Navatejares y sus anejos, la Tribu de Tormellas y su anejo, la Tribu de Navalonguilla y su anejo, la Tribu de La Nava, la Tribu de Los Llanos y sus anejos y la Tribu de La Aliseda.

- ❖ CUARTO o SESMO DE SAN PEDRO: lo constituían la Tribu de la Lastra y sus anejos, la Tribu de Aldeanueva y su anejo, la Tribu de Caballeros y sus anejos y la Tribu de Encinares y sus anejos.

- ❖ CUARTO O SESMO DE SANTA LUCIA: lo constituían la Tribu de Santa Lucía y sus anejos, la Tribu de La Carrera y sus anejos y la Tribu de El Losar y sus anejos.

Estos Cuartos o Sesmos, a través de sus Tribus, formaban El Castro de El Barco. En cada Tribu se reunían los padres de familia de cada barrio o anejo bajo la protección del Castro. Un sesmero de cada Tribu y los representantes de El Barco formaban el Castro de El Barco y los representantes de cada Castro formaban parte de la Gran Asamblea General.

TERRITORIO DE VALDECORNEJA

El territorio de Valdecorneja pertenecía al reino de Castilla, si bien Alfonso VI se lo entregó a su hija Doña Urraca en el siglo XII. Dicho señorío comprendía cuatro villas: El Barco, Piedrahíta, La Horcajada y El Mirón.

Ya en el siglo XIII el rey Alfonso X El Sabio le regaló a su hermano el Infante Don Felipe el territorio de Valdecorneja. Este lo desgajó del dominio del rey y lo reafirmó como "señorío de Valdecorneja". A partir de ahí el señor de Valdecorneja tenía todos los poderes en su territorio.

A partir de 1811 desaparecen los señoríos y nuestros pueblos pasan a depender directamente del estado, y de manera más directa de Salamanca, hasta que en 1833 se cambia su pertenencia a Ávila.

En lo eclesiástico pertenecimos siempre al obispado de Ávila. Ahora bien, nuestra diócesis de Ávila en tiempos de los romanos perteneció al arzobispado de Mérida; después pasó a depender del arzobispado de Santiago de Compostela; más tarde al arzobispado de Toledo y finalmente al arzobispado de Valladolid.

4.- POBLACIÓN

No resulta fácil encontrar datos fiables relativos a la población de nuestro pueblo con anterioridad al año 1845, año en que se comenzó a realizar un censo continuado. No obstante, en 1751 ya el rey Fernando VI ordenó hacer un censo de la población de su reino. Dicho censo se concretó en el llamado "Catastro del marqués de la Ensenada". En él aparecen ya algunos datos sobre Navatejares: población, trabajadores, vecinos, casas, ganado (bueyes, vacas, ovejas, yeguas y mulos, jumentos, cerdos, ganado lanar y cabrío).

El Municipio de Navatejares estaba compuesto por 34 vecinos: 10 en Navatejares, 17 en Cabezas Altas y 7 en Cabezas Bajas. Como se ve en estos datos, el mayor número de vecinos reside en Cabezas Altas. Las casas existentes son 43, de ellas 31 son habitadas, 8 están deshabitadas y 4 arruinadas. Los pajares son 47, de ellos 21 están en Navatejares, 23 en Cabezas Altas y 3 en Cabezas Bajas. Los corrales son tres, 2 en Navatejares y 1 en Cabezas Altas.

DISTRIBUCIÓN DEL MUNICIPIO

- ❖ Navatejares: 13 casas, 21 pajares y 2 corrales.
- ❖ Cabezas Altas: 21 casas, 23 pajares y 1 corral.
- ❖ Cabezas Bajas: 6 casas y tres pajares.

VECINOS

- ❖ Navatejares: 10 (8 labradores, 1 jornalero y 1 viuda.)
- ❖ Cabezas Altas: 17 (13 labradores, 2 jornaleros y 2 solteras.)
- ❖ Cabezas Bajas: 7 (2 labradores, 2 jornaleros, 2 solteros y una soltera).

En cuanto al ganado, se contabiliza a 18 de agosto de 1752: 92 vacas, 20 erales (res vacuna de más de un año y que no pasa de dos), 57 añojos (becerro o cordero de un año), 500 borregos, 268 cabras, 39 primales (ovejas y cabras que tienen más de un año y no pasan de dos), 120 cabritos, 57 cerdos grandes, 46 cerdos pequeños, 23 caballos y yeguas, 6 potros.

Las principales fuentes de recursos en el municipio de Navatejares a mediados del siglo XVIII eran vacas, ovejas y cerdos. Cada vecino poseía, por término medio, 5 vacas, 80 ovejas y 15 cabras. Se cultivaban también el trigo, el centeno, la cebada, el lino y la linaza. Apenas había árboles. Se reproducía trigo, centeno, cebada, lino y linaza, judías, patatas, etc.

POBLACIÓN EN EL SIGLO XX

A partir de 1900 comienza un desarrollo progresivo de la población hasta alcanzar en 1950 el mayor número de habitantes que haya tenido nunca nuestro pueblo: 594 habitantes. A partir de esta fecha, como aparece claramente en la gráfica, comienza un descenso vertiginoso, hasta llegar a 2024 con 50 habitantes. Actualmente la densidad de población en Navatejares es de 4,54 habitantes por km^2.

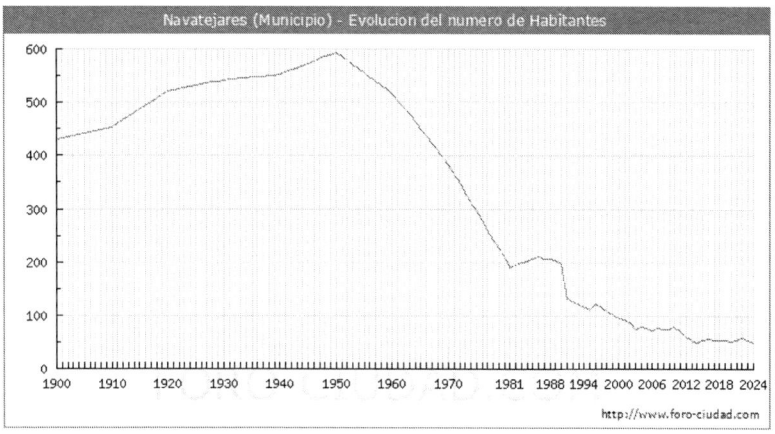

En el momento actual. según datos del INE a 1 de enero de 2024, el número de habitantes en el municipio de Navatejares asciende a 50 personas, de ellas 23 hombres y 27 mujeres, distribuidos de la siguiente forma.

- ❖ Navatejares 37
- ❖ Cabezas Altas 13
- ❖ Cabezas Bajas 0

En la siguiente tabla se aporta no solamente el número de habitantes sino también su distribución por sexo. Si se lee con detención, se descubre que prácticamente en todos los años el número de mujeres es mayor que el de varones, pero si se estudia el número de nacimientos prácticamente se reduce esta diferencia.

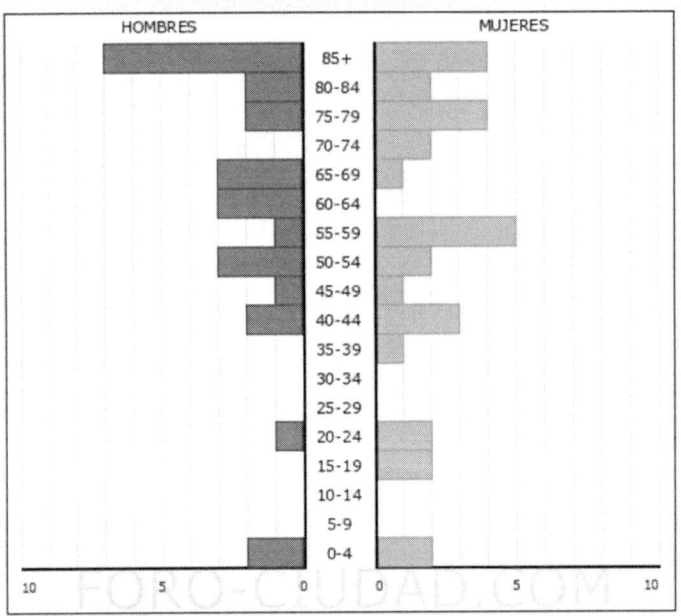

POBLACION - NAVATEJARES - 2022

Poblacion Total en el Municipio: 58
Poblacion Hombres: 27
Poblacion Mujeres: 31

Fuente:INE , Grafico elaborado por FORO-CIUDAD.COM para todos los municipios de España

La media de edad de los habitantes de Navatejares en 2021 era de 59,25 años. La población menor de 18 años era de 4 personas (1 hombre y 3 mujeres); la población entre 18 y 65 años de 26 personas (11 hombres y 15mujeres); y la población mayor de 65 años de 25 personas (13 hombres y 12 mujeres).

De los habitantes empadronados en Navatejares en 2021 el 60 % (33) nacieron en Navatejares, el 34,55 % (19) emigraron a Navatejares desde diferentes lugares de España y el 5,45 % (3) han emigrado a Navatejares desde otros países.

A 1 de octubre de 2022 residían en el extranjero 12 personas mayores de 18 años empadronadas en Navatejares. Las personas empadronadas en Navatejares que han nacido en otros países eran 3.

En cuanto al crecimiento vegetativo de Navatejares, entre 1996 y 2022 nacieron 7 personas y murieron 41, lo que indica en este tiempo un decrecimiento de 34 personas. Desde el año 1996 a 2022 solamente se realizó un matrimonio en el año 2017.

5.- **NUESTRO PUEBLO, PEQUEÑO PERO AUTOSUFICIENTE**

Navatejares ha sido siempre un pueblo pequeño, pero bien avenido y autosuficiente. En prácticamente todas las casas había gallinas que, viviendo en la calle, nos ofrecían sus huevos. También cada casa disponía de uno o dos cerdos, que nos daban riquísimos jamones, tocino y grasa para cocinar, además de ricos chorizos y morcillas. En bastantes casas había también conejos que bien guisados contribuían en ocasiones a preparar ricos platos de comida. Las vacas, además de facilitarnos el trabajo en el campo, nos ofrecían leche fresca para nuestra mesa. En las huertas que la mayor parte de vecinos tenían se sembraban patatas, judías, tomates, fresas, trigo, centeno y cebada, y se disponía de magníficos árboles frutales que nos ofrecían manzanas y peras en abundancia. Hasta los años 50 eran muy pocas las familias que tenían este tipo de árboles, y fue en estos años cuando las huertas comenzaron a llenarse de perales y manzanos. Muchos camiones salieron de nuestro pueblo llenos de fruta para vender en las ciudades.

Para el trabajo en el campo se utilizaban diversos utensilios: carro, azada, azadón, rastrillo (para la recogida del heno), guadaña (para segar el heno), hoz (para segar trigo, centeno, cebada), trillo, horca, rastrillo, escaleras, etc.

Ahora, cuando queremos pan lo compramos, pero en aquellos tiempos el pan también se hacía en las casas. En una gran parte de ellas había un horno especial para ello, y las familias que lo tenían acordaban compartir la hornada con quienes no lo tenían. Solía hacerse cada 15 días. El día anterior se preparaba todo: hacer la masa, preparar los panes y la leña para calentar el horno etc. Llegado el día, se calentaba el horno y se introducía el pan. Una vez cocido adecuadamente se sacaba y se dejaba reposar para después guardarlo en la llamada "nasa", hecha de mimbre, en la que el pan se conservaba muy bien hasta la siguiente hornada. En los meses de octubre y noviembre, después de sacar el pan se cocían en el horno ricas manzanas y se hacían dulces que las madres preparaban con cariño. Este trabajo de elaboración del pan, que era duro, lo hacían exclusivamente las mujeres.

Hasta los años 60 los jóvenes trabajaban en el pueblo y a veces también en El Barco, pero a partir de esta fecha los jóvenes comenzaron a salir fuera a trabajar. Igualmente, hasta los años 40 y 50 los hijos de Navatejares no salían a estudiar fuera. Fueron el excelente maestro Don Primitivo y un joven sacerdote, Don Nicolás, quienes dieron el empujón para que los niños pudieran salir a estudiar fuera, pero como las familias eran pobres y los estudios caros fueron saliendo a estudiar en el seminario y en las órdenes religiosas. En los años 60 comenzó a salir ya más gente.

Cuando los jóvenes comenzaron a salir del pueblo para trabajar todavía no había teléfono. La comunicación entre las familias se hacía por carta. Y para ello en nuestros pueblos había un cartero que vivía en Navalonguilla y que todos los días, montado en su mula, recorría los pueblos de Tormellas, la Nava y Navatejares hasta llegar a El Barco de Ávila. Allí entregaba las cartas de los pueblos y recogía las que venían de fuera para después, montado de nuevo en su mula, volver a su casa dejando las cartas correspondientes al cartero de cada pueblo, que era quien las repartía a los interesados.

El cartero, Señor Jacinto, era conocido y famoso en nuestros pueblos. Era un poco sordo y los niños, cuando pasaba montado en su mula, le gritábamos: "Tío Jacinto, ¿a quién ha matado?" Y él respondía: "Adiós".

En los últimos años el hijo del señor Jacinto ya hacia su recorrido en un pequeño coche "seiscientos."

CARNICERIAS

Entre los años 40 y 50 todo estaba muy controlado por el Gobierno, especialmente en las ciudades y pueblos grandes. En los pueblos pequeños, como no creaban problemas, había un poquito más de libertad, por lo que podían ofrecer algunos servicios más.

En Navatejares había entonces dos carnicerías: la del tío Emilio y la de tío Casimiro. Yo (Nicolás, hijo de Emilio) todavía recuerdo las visitas de la Guardia Civil, que vivía en Barco. Todas las semanas pasaban por el pueblo y al atardecer entraban a "saludar al tío Emilio" con el fin de llevarse un poquito de carne, porque en Barco era imposible comprar nada. Mi madre les sacaba un vinito y unos dulces, mientras mi padre les preparaba unos buenos filetes para llevar. Muy agradecidos se despedían: "¡Hasta la semana próxima!"

Cuando se mataban los corderos, los perros que andaban por el pueblo corrían hacia el lugar de la carnicería para intentar poder comer algo, pero en nuestra casa, que estaba en la llamada plaza del correo, les esperaba una sorpresa: una gatita vieja pero bien adiestrada sentada en un machadero. Cuando el perro quería entrar en la casa, la gata, que hacía de policía, se lanzaba sobre el perro arañándolo fuertemente. El perro salía corriendo y la gata, cuando le parecía oportuno, se tiraba al suelo y volvía a su lugar para defender los derechos de su dueño.

BARES

Entre los años 40 y 60, el pueblo, a pesar de ser pequeño, tenía vida. Existían tres bares, lo cual no suponía que nuestro pueblo fuera un pueblo de borrachos. Era la gente del Barco quienes los mantenían. Uno era el bar de Juanito, hoy bar de Tito y Yoli. Otro, el bar de la plaza, la bodega del Tío Serrano y el último, en el Barrio Nuevo, en la casa de Demetrio.

Y NACIÓ LA FABRICA DE CHOCOLATE

En 1905 Laureano García, un hombre con iniciativa propia, puso en marcha en nuestro pueblo una fábrica de chocolate en la que, en un principio, además de chocolate se hacían también dulces de todas clases, almendras garrapiñadas, caramelos, rosquillas, etc. Pero muy pronto su actividad principal se centró en la fabricación de chocolate. En la historia de Gredos Alimentaria se describe así el proceso y desarrollo de la fábrica:

"En aquellos años era muy difícil conseguir materias primas, sobre todo el cacao, el café e incluso el azúcar, ya que eran productos controlados y regulados por el Estado en precios y cantidades, adjudicando a cada fábrica una determinada cantidad de kilogramos al año en función del tamaño de la empresa. Aparte de esto, había que ir a buscarlos a Ávila, que era la capital de la provincia y donde llegaba el ferrocarril con la mercancía. Hasta allí hay más de 80 kilómetros de distancia, y con un carro tirado por vacas podemos adivinar lo costoso del viaje.

Con gran empeño y esfuerzo, Laureano consiguió construir una pequeña fábrica diseñada por él mismo, donde por fin podía fabricar una cantidad mayor de chocolate. Mediante un complejo sistema de poleas y un motor de gasolina podía mover varias de las primeras máquinas. Primero se comercializó bajo su propio nombre, Laureano García García. A partir del año 1955, se hizo bajo la marca El Canario y, a partir del 2006, también bajo la marca El Barco Delice.

En el año 1988, por razones de crecimiento y mejora de sus infraestructuras, la fábrica se trasladó a El Barco de Ávila, pueblo más grande, situado tan solo a 3 kilómetros de Navatejares y ubicación actual de la empresa. Con unas instalaciones adecuadas a las exigencias y a las normativas actuales en materia alimentaria, seguimos fabricando chocolates de la máxima calidad, manteniendo unos principios esenciales en la forma de la elaboración."

Al morir el tío Laureano todo el negocio, tanto del chocolate como de las vacas, quedó en manos de su única hija, llamada Brígida y casada con Julián Sánchez, hasta que, al jubilarse éste, fue a parar a otro Julián, hijo de una de las criadas que sirvió gran parte de su vida en esa casa.

6.- NUESTRA PARROQUIA

En la primera mitad del siglo XV solo había 6 aldeas con iglesia, pila bautismal y curato. Entre ellas no estaba Navatejares. En el primer tercio del siglo XVI eran 14 las aldeas que tenían iglesia, pila bautismal y curato, pero no aparecían ni Navatejares ni la Carrera, porque seguían siendo anejos de El Barco, que en el año 1587 tenía 14 "Lugares" o "Barrios" pertenecientes a su pila bautismal.

A medida que fue creciendo, Navatejares se fue dotando de los distintos servicios necesarios para constituirse en municipio independiente de El Barco y a la vez nació también la parroquia de San Bernabé en Navatejares.

Desde su nacimiento hasta su emancipación, el pueblo perteneció a la Parroquia de El Barco de Ávila. De ahí que los datos que se tienen sobre los cristianos de Navatejares, desde el año 1587 hasta finales del siglo XVIII, hay que buscarlos en los archivos de la parroquia de El Barco.

Navatejares se constituye en Municipio independiente a finales de 1794 y en ese mismo año el pueblo se separa eclesiásticamente de la parroquia de El Barco. La fecha viene corroborada como cierta por la siguiente nota:

"El Notario del Obispado de Ávila autoriza en 1795 el "Libro de Difuntos" de la Iglesia Parroquial, nuevamente creada,

del Lugar de Navatejares, aneja a El Barco, habiendo sido reconocida ésta el día 6 de febrero del año pasado".

Así, la parroquia de Navatejares fue creada el día 6 de febrero del año 1794 y comprendía los pueblos de Navatejares, Cabezas Altas, Cabezas Bajas, La Canaleja y La Retuerta. En la actualidad sólo conforman la parroquia Navatejares y los dos anejos: Cabezas Altas y Cabezas Bajas.

Entre los libros que existen en la parroquia destacan los relativos al bautismo, confirmaciones, matrimonios y defunciones. A continuación, recogemos algunos de los datos más significativos:

- ❖ La media de los nacimientos entre los años 1852 y 1880 alcanza una media de 23 nacimientos por año.

- ❖ Los matrimonios realizados en la parroquia entre febrero de 1794 y octubre de 1851 alcanzan una media de 6 matrimonios por año.

- ❖ Las defunciones entre el 1794 y 1851 alcanzaron las siguientes cifras: en el año 1800 murieron 20 personas; en 1850 murieron 10 personas; y en 1880 murieron 11 personas.

En un principio, los difuntos se enterraban en la iglesia hasta la creación de los cementerios (el primero que utilizó la palabra "cementerio" fue Tertuliano en el siglo II). Estos lugares se llamaban "Campo Santo" y en ellos se enterraba a los cristianos. Allá por el siglo V se enterraban en el cementerio común que estaba alrededor de la iglesia. El segundo concilio de Braga del año 563 se prohibió las sepulturas dentro de las iglesias. Carlos III ordenó que se establecieran cementerios fuera de las Iglesias, excepto para los obispos y las monjas.

El 24 de mayo de 1833 el capitán general de Castilla la Vieja ordenó no enterrar más gente en las iglesias bajo multa de 100 ducados. En nuestra parroquia se dejó de enterrar gente en la iglesia a partir de la creación del cementerio, habilitando para tal fin un terreno comunal a la entrada del pueblo, según se viene de El Barco. La fecha de su inauguración fue la segunda mitad del siglo XIX.

Los habitantes de Las Cabezas venían enterrando a sus muertos en Navatejares hasta que, en el año 1966, se les autorizó para poner en servicio un cementerio propio a la entrada del pueblo de Cabezas Altas. Desde entonces lo vienen haciendo allí.

Entre los Libros Parroquiales no mencionados arriba existe uno llamado "Libro de la Cofradía de San Bernabé". Al principio le faltan hojas, por lo que sólo hay datos desde el año 1740 hasta el año 1878. En él se reflejan varias reuniones generales para admitir nuevos socios de La Canaleja, Cabezas Altas, Cabezas Bajas y Navatejares. La última fecha en que entran nuevos cofrades es el 11 de junio del año 1878. Luego aparece una relación de los miembros de la Cofradía entre 1846 y 1873, pero que resulta muy difícil poder leerlos. Entre los años 1846 y 1849 los socios vienen reflejados por años y por pueblos: Navatejares,

Cabezas Altas, Cabezas Bajas y La Canaleja. A partir de esta fecha no hay datos en Ávila de dicha cofradía, ni sabemos cuándo se disolvió.

7.- **NUESTRA ESCUELA**

Hay que tener muy en cuenta que, para que un pueblo progrese, debe comenzar preparando intelectualmente a sus habitantes, y Navatejares no iba a ser la excepción. Así que había que comenzar por habilitar un lugar y preparar al personal educativo que se iba a encargar de impartir las distintas materias a estudiar.

Antes de seguir más adelante, diremos que quienes implantaron en España un "sistema educativo" fueron los Romanos. Dicho sistema se componía de Estudios Primarios, Secundarios y Profesionales.

Fue el IV Concilio de Toledo quien, en el año 633, ordenó que en todas las iglesias de España se establecieran las escuelas. Por consiguiente, ya en tiempos de los Visigodos se implantó el siguiente currículum:

* ❖ El Trivium, que comprendía el estudio de la Gramática, la Retórica y la Dialéctica.

* ❖ El Cuatrivium, que comprendía la Aritmética, la Geometría, la Astronomía y la Música.

Ahora bien, fueron los árabes, pueblo muy instruido en aquella época, quienes consiguieron hacer que la península brillara en el Mundo a través de su Filosofía, su Astronomía, sus Matemáticas, su Medicina y su Poesía. Después, durante la Reconquista, aumentó en España la ignorancia y el analfabetismo. Sólo se salvaron los clérigos y los monjes. Con el Renacimiento floreció de nuevo la cultura española, hasta el siglo XVIII.

¿Cuándo se abrió nuestra escuela por primera vez? ¿Cuál fue su funcionamiento y desarrollo? Nosotros conocimos las escuelas separadas: por un lado, estaba la escuela de los niños y por otro la de las niñas. En la de los niños siempre estuvo al frente un maestro varón y en la de las muchachas siempre estuvo al frente una maestra.

Algún maestro tenía mala fama por el trato que se aplicaba a los chicos o chicas. Era el caso de un tal Don Miguel. Otros, en cambio, pasaron a la historia del pueblo como grandes maestros. Es el caso de Don Primitivo, que vivió para la escuela y no dejaba pasar circunstancia alguna para demostrarlo.

En cuanto al nivel cultural del pueblo, tenemos datos aportados por la Inspección Provincial de primera enseñanza de la zona de Ávila en 1920 en un estudio dirigido por el Inspector de Enseñanza Francisco Abella.

EL BARCO DE ÁVILA		
	HOMBRES	MUJERES
Saben leer y escribir	65,6 %	48,6 %
Solo saben leer	9,2 %	11,1 %
No saben leer ni escribir	25,2 %	40,3 %

NAVATEJARES				
	HOMBRES	MUJERES	NIÑOS	NIÑAS
Saben leer y escribir	89,8 %	66,0 %	75,0 %	69,5 %
Solo saben leer	3,1 %	9,5 %	15, 0 %	17,3 %
No saben leer ni escribir	7,1 %	24,5 %	10,0 %	13, 2 %

CABEZAS ALTAS				
	HOMBRES	MUJERES	NIÑOS	NIÑAS
Saben leer y escribir	74,3 %	44,8 %	25,0 %	21,4 %
Solo saben leer	3,6 %	14,4 %	25,0 %	50,0 %
No saben leer ni escribir	22,1 %	40,8 %	50,0 %	28,6 %

Los datos arriba expuestos nos ayudan a extraer algunas conclusiones:

1.- Respecto a los hombres que saben leer y escribir hay que destacar a los de Navatejares, que con el 89,9 %, ocupan el segundo puesto, detrás de El Puerto de Castilla, de entre los 51 pueblos de la zona de El Barco, cuya media es del 65,6 %.

2.-Entre las mujeres que saben leer y escribir las de Navatejares, con el 66,0%, ocupan también un puesto destacado entre los 51 pueblos de la zona de El Barco: el número 11, cuya media está en el 48,6 %.

3.- Entre los hombres que sólo saben leer los de Navatejares, con sólo el 3,1 %, ocupan el puesto 37. Y las mujeres, con el 9,5%, ocupan el puesto 23.

4.- Entre los hombres que no saben ni leer ni escribir, con el 7,1 %, ocupan el puesto número 4 y las mujeres, con el 24,5 %, ocupan el puesto número 24.

8.- **ABRIENDO CAMINOS Y CARRETERAS**

Otra clave importante para que los pueblos puedan desarrollarse y crear riqueza son las comunicaciones. Los primeros pobladores de la zona de El Barco ya hemos dicho que fueron los Vetones. Por lo tanto, fueron ellos quienes diseñaron y después construyeron los primeros caminos, trochas y senderos, los cuales permitieron acceder a cualquier punto del territorio municipal a sus pobladores y a sus ganados. Los mismos Vetones fueron construyendo puentes para poder comunicar las dos orillas de ríos, arroyos y otros desniveles del terreno.

Con el tiempo llegaron a la zona los Cartagineses, quienes los empedraron. Por último, en tiempos de los Romanos se fueron perfeccionando. Hasta nuestros días ha llegado y sigue viva la llamada Vía de la Plata, que comunica el norte asturiano con el sur andaluz. Hoy esta vía ha sido convertida en autovía.

Otra calzada de segundo orden venía desde Clunia, en la provincia de Burgos, y pasaba por Ávila, La Torre, Piedrahita, El Barco y Tornavacas.

Por último, crearon otra tercera vía, más cercana a nosotros y existente al día de hoy, que partía de El Barco y llegaba hasta Navalonguilla, pasando por Navatejares, Tormellas y que, con un brazo entre Navatejares y Tormellas, llegaba hasta La Nava de El Barco.

Hasta mediados del siglo XX, por tanto, nos hemos movido siempre a través de caminos vecinales una especie de "aprendices de carretera" que unían a todos los pueblos de la zona entre sí. Y fue en la década de los años 70 cuando, por fin, fue asfaltada la carretera que une El Barco con Navatejares, La Nava, Tormellas y Navalonguilla.

En cuanto a Las Cabezas, hasta el año 1946 no tuvo carretera como tal. En su construcción colaboraron los hombres de Navatejares y los de Las Cabezas. Para comunicarse con El Barco debían utilizar un camino que transcurría entre prados y tierras centeneras o trigales. Dicho camino terminaba o comenzaba en la llamada "curva del cementerio" de Navatejares. El único medio de transporte que podían utilizar se circunscribía a asnos o caballos.

Para asistir a las misas dominicales los habitantes de Las Cabezas tenían que bajar a Navatejares. Utilizaban el mismo camino que para bajar a la compra a El Barco, dirigiéndose hasta el punto en que la actual carretera de circunvalación cruza el "arroyo de los Caños". Ahí, saltando de prado en prado a través de unos llamados "portillos" y dejando a un lado el llamado "pozo de los Villares", bajaban hasta la iglesia. La vuelta a casa resultaba mucho más dura, ya que todo el camino era cuesta arriba.

9.- Y SE HIZO LA LUZ

Las personas mayores que aún viven en el pueblo recordarán el candil y los faroles como amigos inseparables en las largas noches de invierno. El candil, con una mecha empapada de aceite, servía para alumbrar las habitaciones donde estábamos y nos acompañaba en cada uno de los desplazamientos que hacíamos en la casa. El farol funcionaba también con mecha y aceite, metida entre cuatro cristales, ya que era para utilizarlo en los corrales cuando se iba a atender a los ganados.

La llegada de la luz eléctrica a nuestras casas fue un momento muy significativo para los vecinos del pueblo. Al principio conocimos un simulacro de luz que nos venia del molino de Tormellas. Era tan tenue que había que alternarla con el candil. Fue allá por los primeros meses del año 1967 cuando llegó la luz de verdad a nuestro pueblo y todo cambió. Se dijo adiós al candil y al farol para siempre y nuestras casas quedaron iluminadas de forma permanente.

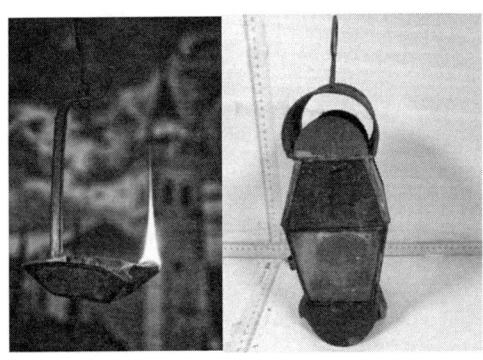

10.- SE ESCUCHÓ EL TELEFONO Y SE ABRIÓ EL TELECUB

Visto desde hoy podemos llegar a pensar que el teléfono llegó al pueblo hace muchos, muchos años. Pero la realidad es que no llegó hasta la década de los años setenta. Eso sí: un teléfono para todo el pueblo. Claro que, ¡menos es nada! Aquella fue también una gran novedad para nuestro pueblo. Como quiera que había ya muchas personas de Navatejares que habían emigrado en distintas direcciones, a partir de esa fecha cada cual podía comunicarse con sus familiares que aún vivían en el pueblo. Hasta entonces la comunicación sólo podía tener lugar a través de cartas. El teléfono fue instalado en la casa de "tía Macaria". Cuando alguien llamaba, el "tío Zoilo" salía corre que te corre a avisar a la persona o familia llamada. El receptor o receptora de la tal llamada hacia el camino en dirección a la casa de la "tía Macaria" también a paso ligero. ¿Qué ocurría? Que se enteraba todo el pueblo de quien llamaba y a quién se llamaba. A las Cabezas no llegó el teléfono hasta el 11 de junio de 1974.

Por otro lado, no hubo televisión en el pueblo hasta que llegó el teleclub, que se instaló en el Ayuntamiento, en el barrio nuevo, junto a la escuela. Fue una novedad para los vecinos del pueblo, que podían así ver algunos programas de televisión allá por el año 1968. La gente todas las tardes se reunía para ver los programas que se presentaban. Cuando se acabó el teleclub, la gente seguía reuniéndose en el mismo lugar para hablar y jugar un rato.

11.- Y ENTRÓ EL AGUA EN NUESTRAS CASAS

¿Y el agua para el aseo, para cocinar, para beber? Esa es otra historia. En todas las casas había unos recipientes, normalmente de barro (cántaros, botijos) y otros, destinados a solucionar los problemas que plantea la vida cuando no se dispone de agua dentro de las casas, lo cual, llegado el momento adecuado, requiere agarrarse a lo que tenemos a mano.

Dentro de las casas no había agua y había que ir a buscarla. ¿A dónde? A las distintas fuentes existentes en el pueblo. Para dicho menester servían los cántaros y botijos citados más arriba. Había que llenarlos y llevarlos llenos a casa. De ahí se iba tirando para ir resolviendo las situaciones en que resultaba necesaria el agua: el aseo de las personas, el fregado de los cacharros utilizados para cocinar o para comer, para preparar los brebajes con que se cuidaba a los cerdos, etc.

Había varias fuentes en distintos puntos del pueblo: fuente frente a la casa de la tía Eduarda, fuente de la Cerrailla, fuente de la Campana y fuente del Ninarillo. Cada cual iba a la fuente que le pillaba más cerca o a la que más le gustara. Como casi siempre coincidían varias personas, generalmente mujeres jóvenes, en la misma fuente, mientras se iba llenando cada recipiente, las aguadoras aprovechaban el tiempo para darle a "la sin hueso" y ponerse al día de la casuística del pueblo. De vez en cuando acudía también algún mozo por la fuente, sobre todo si ya se había fijado en alguna moza con anterioridad. En muchas ocasiones de la fuente salía una pareja de novios.

En el verano se utilizaba mucho el agua de una fuente que estaba en el extrarradio del pueblo, la fuente del Linarillo, que hoy todavía existe, de la que manaba un agua muy fresquita y que tenía mucha aceptación. Dicha fuente está en el camino del río que parte de la llamada fuente de tía Eduarda. A ella acudían de todos los barrios del pueblo. Como decimos, su agua resulta muy agradable en verano, pues es más fresca que la de las otras fuentes.

Al lado de esta fuente había una poza con lavaderos a la cual iban algunas mujeres del pueblo a lavar la ropa una vez por semana. Todas las fuentes del pueblo disponían de uno o dos pilones para que en ellos pudieran beber agua los distintos ganados del pueblo.

Corría el año 1976 y la Junta Municipal, presidida entonces por el alcalde tío Benjamín, decidieron que había llegado el momento de meter el agua en las casas, con lo que el pueblo ganaría en comodidad y bienestar.

Para realizar la infraestructura se contactó con un grupo de Albañiles de Navalonguilla y se llegó con ellos al acuerdo de realizar tanto la traída del agua como la instalación general, así como las tomas de todos aquellos que decidieron aceptar su instalación, tanto en domicilios personales como en corrales de ganado.

Se construyó la red del alcantarillado; se construyeron los cuartos de baño; se hicieron las pruebas pertinentes y... ¡el agua se atrevió a cruzar las puertas de nuestras casas! Dejamos así de ir a por agua a las fuentes donde, como hemos apuntado un poco antes, se fraguaron algunos noviazgos, seguidos de matrimonios.

¿De dónde podría traerse el volumen de agua necesaria para atender todas las necesidades del vecindario? Dada la situación geográfica del pueblo, y teniendo en cuenta que la emigración continuaba mermando el número de sus habitantes, se pensó que bastaría con traerla del manantial existente en el llamado "regajo de la Bardera", que está en la ladera del "monte Pelaíllo".

Pero… ¡ay!, pronto se comprobó que el caudal de dicho manantial no era suficiente para atender las necesidades que entonces había en el pueblo. Por otro lado, las instalaciones, hechas por unos obreros de Navalonguilla sin experiencia en este tipo de instalaciones, cuando en verano aumentaba considerablemente el número de habitantes sufrían continuos cortes por rotura de cañerías, habiendo algunas zonas del pueblo que, muchos días, se quedaban sin agua durante horas.

Pasados algunos años y a la vista de la poca agua que aportaba dicho manantial, se hizo una nueva toma de la presa de la "Haza del Rio", en la garganta de los Caballeros. Para transportarla se preparó la "Regadera de Abajo" y se llevó hasta el "Baldío". Allí se construyó una depuradora y, mediante un potente motor, se enviaba el agua a un depósito construido en la carretera de circunvalación, justo frente a la entrada hacia las tierras de "la Cerrá de los Alisos", al final de la "calle Mala".

Tampoco fue esta la solución definitiva. Recientemente, en 2018 se hizo otra nueva toma en la presa que hay bajo los "prados Fermín", al comienzo del canal que lleva el agua hasta "el Molino". Y hasta ahora parece que puede ser la solución definitiva.

Ya podíamos lavarnos y hasta bañarnos sin salir de casa, aunque esto último todavía costaba, teniendo en cuenta la falta de costumbre. Esperamos que no haya que volver para atrás, pues la toma está en un lugar en el que es presumible que no falte el agua nunca.

En Las Cabezas tuvieron que esperar hasta el 28 de junio de 1980 para poder disfrutar de tan preciado bien.

12.- **UN AÑO DE TAREAS AGRÍCOLAS**

Como queda dicho más arriba, Navatejares era un pueblo labrador y ganadero. Por lo tanto, las gentes del lugar dedicaban la mayor parte de su tiempo a atender los campos y los ganados. Dependiendo del momento del año en que se estuviera había que realizar muchas y diferentes tareas. Los profanos en la materia (léanse las nuevas generaciones que disfrutan de nuestro pueblo) podrían pensar que, una vez finalizadas las tareas de la recolección, a finales del verano y comienzos del otoño, la gente del lugar se dedicaba a descansar. Nada de eso. Finalizaban unas tareas, pero había que hacer frente a otras.

Obviamente hay que decir que el agua de riego hacía ya muchos años que funcionaba razonablemente bien y regaba la ribera con regularidad.

Pero, aunque pueda parecer mentira, el agua ha sido siempre esquiva con nuestro pueblo. Es cierto que el pueblo está enclavado en un precioso valle, rodeado de montañas por todas partes y de diversos cursos fluviales: el Tormes, el Aravalle, la garganta de los Caballeros, la garganta de Galingómez. Pues de todos ellos, las únicas que prestan su agua a nuestro pueblo son la garganta de los Caballeros y la de Galingómez.

El Tormes discurre lamiendo nuestro pueblo, pero no nos aporta ni una gota de agua. El Aravalle ni siquiera roza el territorio de Navatejares, baja desde la sierra de Solana a desembocar en el puente de las Aceñas, una vez rebasado el término municipal de nuestro pueblo.

Teniendo en cuenta la orografía del término municipal de Navatejares, hubo que dividir dicho término en dos partes: para regar la parte más baja se consiguió obtener el agua de la garganta de los Caballeros, a la altura de las "Hazas del Rio". Con terrones y rollos del rio se construyó una presa que dirigía el agua hacia una regadera que llegaba hasta el final del término municipal, ya lindando con el término municipal de El Barco. Con dicha solución se regaban todas las huertas y prados que quedaban a la derecha de la llamada "Regadera de Abajo".

Para la parte más alta de nuestra ribera había que tomar el agua de la garganta de Galingómez, a la altura del pueblo Nava del Barco. Y… ¡oh paradoja! Teniendo esta Garganta su origen en la laguna de El Barco, sita en la sierra de Galingómez (perteneciente a Navatejares), hubo históricamente muchos problemas con el pueblo de la Nava, que se negaba a dejarnos tomar el agua a la altura del citado pueblo. Como consecuencia de dicho litigio la relación de La Nava con Navatejares tardó mucho tiempo en normalizarse.

Ello dio lugar a un contencioso, mediante el cual se llegó a un acuerdo muy cicatero para Navatejares: tendría el agua de riego a partir del 18 de julio de cada año. Anualmente, antes del 18 de julio, había que "ir al derroche" del agua, reforzando la presa normalmente deteriorada por el discurrir del agua durante todo el invierno y la primavera. Como consecuencia de dicho acuerdo Navatejares tuvo que proceder a construir un estanque en el que se pudiera almacenar la mayor cantidad de agua posible para después, desde ahí, regar gran parte de la ribera. Eso se llevó a cabo en la década de los años 40.

Desde hace varios años no se ha recibido de la garganta ni una gota de agua. La poca que ha retenido el estanque la ha traído la lluvia. Y es que, como toda la ribera, presenta una imagen deplorable. Además, ya no se va ni a por el agua a La Nava. Se ha abandonado toda la red de riego al no haber ya nadie que limpie de espinos y malas hierbas dicha red. Ya hace bastantes años que no ha corrido una gota de agua por ningún arroyo de los que atraviesan nuestro pueblo.

Como consecuencia de los desniveles del terreno que regaba la "regadera de arriba" y con la carretera discurriendo por el medio de la misma, para pasar el agua de un lado al otro de la calzada hubo que construir cuatro sifones que hoy pueden reconocerse. Son los siguientes: el del Palancar, el de los Carriles, el de los Majanos y el del "Corral de Concejo".

Como colofón de todo lo dicho se concluye que el sistema de riego, tanto de la regadera de arriba como de la regadera de abajo han quedado abandonados, lo cual no deja de ser un hándicap para las presentes y futuras generaciones si algún día volviera a plantearse la recuperación de la ribera para la explotación agrícola.

PRIMAVERA

Una de las tareas que tocaba hacer en este tiempo era el abono de los campos. Para eso se aprovechaba el estiércol generado en los corrales con los excrementos de los animales y las hojas recogidas en los prados con las que se les encamaba. Dicho estiércol servía para abonar las tierras, tanto destinadas al cereal como a las huertas de la ribera. Era transportado hasta las distintas huertas en carros tirados por vacas o a lomos de las caballerías. Para transportarlo en las caballerías se utilizaba una pieza llamada "serón".

Una vez en las huertas, el estiércol debía ser expendido por toda ella y, a continuación, había que "enterrarlo" en la tierra por medio del arado. De esta manera dicho abono servía para hacer que las tierras produjeran frutos de alta calidad.

Por otra parte, como se comentaba en el apartado anterior, había que "poner al día" la red de riego por la que debía discurrir el agua para regar toda la ribera durante el verano, revisando y subsanando el deterioro sufrido por la presa de donde arranca la regadera que riega la parte baja del pueblo.

Entre finales de abril y mediados de junio, una vez aradas las huertas, había que sembrar las patatas, las judías y el resto de hortalizas, a las que había que regar durante los meses de calor para luego recolectar en otoño.

Por la festividad de San Juan Bautista era costumbre que parte del ganado del pueblo (vacas, ovejas y cabras) se subiera a la sierra de Galingómez, propiedad de buena parte de vecinos de Navatejares. Allá se criaban muy buenos pastos y se aprovechaba el buen tiempo para que pastara el ganado. Se enviaban todas las ovejas, algunas cabras y muchas vacas, entre las cuales estaban las que habían pasado el invierno y primavera en las dehesas de Extremadura.

Para cuidar de las vacas se contrataba un vaquero y para cuidar las ovejas y las cabras igualmente se contrataba un pastor. La sierra es rica en pastos y todos los ganados permanecían allí hasta mediados de octubre (feria en El Barco) o primeros días de noviembre (mercado de todos los santos), dependiendo un poco de lo que se adelantara la nieve.

VERANO

A principios del mes de Julio había que segar la hierba de los prados, crecida durante la primavera. Una vez seca se transportaba a los corrales para almacenarla en los llamados "payos" o dejarla en el propio prado, en el llamado "almiar". La hierba seca, llamada "heno", servía para alimentar a los animales en los días duros del invierno, cuando escaseaba la hierba y los animales tenían que permanecer estabulados por causa del hielo o la nieve.

Había que comenzar a regar las huertas sembradas de patatas, fréjoles (judías) u otros productos de huerta. Se hacía por turnos y, en la época de verano avanzado, había que "racionarla" por la escasez de agua. Según el tamaño de la huerta se le asignaban más o menos minutos de riego. Para controlar su cumplimiento el Ayuntamiento nombraba "veedores", los cuales debían tratar de solucionar las anomalías que se presentaran.

A lo largo del mes de julio había que segar las mieses a golpe de hoz, para luego transportarlas a las distintas "eras" y comenzar la trilla. Esta se hacía mediante un trillo tirado por yunta de vacas, de burros o una sola caballería, según las posibilidades de cada cual.

El tiempo de la trilla era muy agradable y divertido para los niños. Esta tarea se hacía en las "eras", que eran terrenos llanos. En el pueblo había varias eras: el "regajo del vengo", la "era de tía Feliciana", la "era grande" y otras que se utilizaban en diversas fincas de familias. Los niños montábamos en los trillos, especialmente en los que iban tirados por caballos, que eran los más rápidos y divertidos. Acabada la trilla había que separar el grano de la paja, lo cual solo era factible cuando hacía aire. En ese momento había que darse prisa para separar el trigo de la paja. El trigo se metía en costales (sacos especiales para el trigo) y en el burro o en el caballo se llevaba a casa. La paja se llevaba a los corrales para alimento de los animales durante el invierno.

Pero había ocasiones en las que parecía que el aire estaba dormido y entonces no se podía limpiar el trigo, por lo que había que ir a dormir a la "era" para cuidar que nadie se lo llevase. Los niños un poquito mayores íbamos a dormir a la "era" con nuestros padres y con otras familias que también llevaban niños. Lo pasábamos en grande. Dormir, lo que se dice dormir, no lo hacíamos mucho. La noche era una fiesta hasta que caíamos dormidos un poco antes del amanecer.

El trigo que teníamos había que molerlo para hacer el pan y esto se hacía en el molino de Tormellas, pero no era fácil porque allá por los años 40 y 50 estaba prohibido moler el trigo sin permiso de las autoridades. ¿Qué hacer entonces? Pues cargar el costal de trigo en el burro o caballo a eso de las 11 de la noche, caminando así hasta el molino de Tormellas para moler el trigo y volver antes de las cinco de la mañana con la harina molida para poder hacer el pan.

Otro aspecto importante era la recogida del heno. La siega la hacían en muchos casos los hombres del pueblo y en ocasiones venían también trabajadores extremeños. La jornada de estos trabajadores era larga y dura. La siega se hacía con la guadaña hasta que, en los últimos tiempos, se empezó a utilizar motor, con el que el trabajo era mucho más fácil. Después de segar había que darle la vuelta para que se secase y poder trasladarlo en carros tirados por vacas hasta dejarlo en el corral. Este era un trabajo duro y poco agradable. Era costumbre que después de descargar el carro de heno los jóvenes se fueran al rio para darse un chapuzón en el charco redondo.

OTOÑO

Una tarea propia de este período era recolectar las judías, ya secas. Posteriormente, cuando había un hueco en las tareas, y antes de entrar en el otoño avanzado, había que separar la judía de la vaina en que se había criado. Para ello se las llevaba a un campo que en agosto había servido para trillar el trigo, la cebada y el centeno, y allí se desgranaban. ¿Qué quiere decir que se desgranaban? Que había que separar el grano (la judía) de la vaina en la cual estuvo mientras fue gestada. Las cáscaras se almacenaban en los corrales para alimento de ovejas y cabras durante el frio y largo invierno. Y las judías se preparaban (se escardaban) en casa para su venta. Las que se retiraban por no ser aptas para ser vendidas se aprovechaban para comerlas en casa. Las judías de nuestros pueblos son de las mejores de España, y por eso tienen buena fama y son caras. Aún se siguen vendiendo, pero ya no se sabe de dónde son las judías de El Barco, porque ya no se siembran en ninguno de nuestros pueblos.

También había que recoger en esta época algunas frutas más tempranas: peras de "donguindo", peras de agua, ciruelas, abridores y alguna otra clase de manzana temprana, según viniera el año.

Había que sacar las patatas a golpe de azada, recogerlas y transportarlas en carros tirados por vacas o a lomos de caballerías, bien para almacenarlas en casa o en las llamadas "hoyas", preparadas a propósito en alguna de las huertas cercanas al pueblo. Ahí se guardaban hasta que se podían vender o sacar para irlas gastando en casa. Se les hacía una "cama" de helechos y se tapaban con tierra formando una especie de pirámide redonda.

Había también que proveerse de leña adecuada para utilizar en el horno de hacer pan, existente prácticamente en todas las casas. Existía la costumbre (¿o la necesidad?) de subir a la sierra con alguna caballería y cortar y traer los llamados "calabones", las "escobas" y los piornos. La sierra era rica en tales "matorros" que luego servían para calentar los hornos donde se cocía el pan y para encender las hogueras o lumbres bajas todos los días.

Durante este mismo período de tiempo había que recoger las hojas caídas de los árboles, ya que en todos los prados generalmente había robles, chopos o álamos y se almacenaban en los corrales, pues con ellas se encamaba a los animales durante el invierno. A principios de la primavera el estiércol "trabajado" en los corrales servía para abonar tanto las tierras como las huertas de la ribera. Se transportaba en carros tirados por vacas o a lomos de burros o caballos.

En la temporada de otoño se preparaban también las tierras destinadas a la siembra de cereales, como el trigo y el centeno. El trigo se sembraba en la zona llamada "las Pasturas" y en las tierras situadas en la falda del "monte Pelaillo". El centeno en las zonas más altas que circundan al pueblo por el sur, en la parte alta del "Pelaillo" y parte del "Sillao".

Allá por la festividad de Todos los Santos, el día 1 de noviembre, siempre y cuando el tiempo lo permitiera, se bajaba de la sierra todo el ganado llevado allí durante el verano, tanto vacas como ovejas y cabras. Entonces había algunas familias, pocas, que tenían un número considerable de vacas, y las bajaban andando a las dehesas de Extremadura durante el invierno, ya que hay mejor temperatura y, por consiguiente, mejores pastos. Utilizaban el llamado "camino o cañada real", que todavía existe. Por lo que toca a nuestro pueblo este camino parte del puente de las Aceñas, llega al Puerto de Tornavacas y a partir de allí discurre por el Valle del rio Jerte, ya dentro de Extremadura.

Con los prados limpios de hojas y antes de que la hierba eclosionara ya entrada la primavera, se procedía a prepararlos para poder regarlos. Para ello se hacían las llamadas regaderas.

Los prados que se regaban con el agua de la llamada "Regadera de Arriba" podían hacerlo hasta que el agua resultara necesaria para regar las huertas sembradas de patatas, judías y toda clase de verduras. Hay otra zona de prados, también de la zona alta del pueblo, que se regaba con el agua que bajaba de unos manantiales existentes en los prados llamados "de los Caños", y podían utilizar dicha agua mientras no la necesitara el llamado "pozo de los Villares", con cuya agua se regaban las huertas de la zona.

La matanza era una de las fechas más celebradas entre las familias. Tenían lugar a partir de la festividad de San Martín el 11 de noviembre. De ahí viene el dicho tan conocido de: "A cada cerdo le llega su San Martín". Por esa fecha los cerdos puestos a engordar en septiembre ya solían estar gorditos, y era la hora de sacrificarlos. La matanza era una fiesta familiar que duraba al menos tres días. Había que matar al cerdo, socarrarle y despedazarle separando sus diferentes partes: jamones, lomos, tripas, etc. El rabo del cerdo se les repartía a los niños que anduvieran alrededor de la matanza. Las tripas había que ir a lavarlas al rio para luego utilizarlas a la hora de hacer los chorizos y las morcillas. Por eso las matanzas solían durar tres días.

Mientras los mayores trabajaban en esos menesteres, los niños que estábamos "de matanza" nos divertíamos a lo grande. Estas eran fiestas muy familiares y de colaboración entre las diferentes familias. Hacer los chorizos y las morcillas y preparar los jamones era todo un arte. Los jamones se colgaban en el "sobrao", que era un lugar de la parte alta de la casa. Los chorizos y las morcillas se colgaban en principio en las cocinas hasta que se secasen un poco y entonces se llevaban al "sobrao" de donde se cogían cuando hacían falta para comer.

13.- **GANADERIA**

Ya hemos dejado dicho que Navatejares ha sido siempre un pueblo agrícola y ganadero. Por consiguiente, después de haber escrito sobre cómo se trabaja la agricultura en las distintas épocas del año, quiero dejar constancia también de cómo había que "pelear" con el ganado, ya que en el momento actual hay muy poco que quede pastando en Navatejares.

Hay que decir que en Navatejares había vacas, ovejas, cabras, caballos, burros, cerdos, gallinas… La mayor parte de las familias tenía una o dos vacas, una o más cabras, una caballería (asno o caballo), uno o dos cerdos y algunas gallinas.

A las vacas había que llevarlas a los prados según la época. Si dormían en los corrales, como ocurría en invierno, se las llevaba por la mañana y se las recogía por la tarde. En primavera se las llevaba a los prados por la tarde y se las recogía por la mañana.

Había varias familias que tenían una media de 50 a 100 ovejas. Y a todo este ganado había que atenderle. Tenían que sacarlas al campo al cuidado de un pastor. En la primavera dormían en redes que se ponían en las huertas con lo que servían para abonar las tierras donde dormían. Eso sí, al cuidado del pastor y de buenos perros con el fin de defenderse de los lobos. El pastor dormía en un chozo de paja.

En cuanto a las cabras, quienes tenían ovejas las juntaban con ellas. Los que sólo tenían una o dos cabras, que eran la mayor parte de las familias, las juntaban para sacarlas a comer al campo y cada día las cuidaba una de las familias. Lo mismo pasaba con los cerdos. Se los llevaba al corral de Concejo y una familia cada día los sacaba al campo.

TRASHUMANCIA

Hemos dejado como punto aparte un tema muy importante, que se vivió en el pueblo hasta hace muy poco tiempo y tal vez todavía se siga practicando ahora: la trashumancia.

¿Qué es la trashumancia? Se define como el desplazamiento alternativo periódico de los rebaños entre dos regiones determinadas de clima diferente. Los desplazamientos tienen que ser alternativos y periódicos, es decir, de ida y vuelta, con ritmo marcado y fijo. Además, este movimiento se produce entre dos regiones diferentes y alejadas.

En la trashumancia hay tres elementos imprescindibles: los pastos de verano (o agostadero), los de invierno (o invernada) y un sistema de comunicaciones que una ambos territorios. En la provincia de Ávila destaca especialmente la sierra de Gredos. En cuanto a los pastos de invierno destacan las zonas templadas del sur: dehesas extremeñas, manchegas y andaluzas.

El sistema tradicional de traslado de los ganados era realizar los desplazamientos a pie. Para ello era necesario contar con una buena y extensa red de caminos.

Hay que decir que la trashumancia no es un fenómeno exclusivamente español. Se trata de un fenómeno más bien mediterráneo. Se practica en Portugal, Francia, Italia, Rumanía y Grecia, si bien es en Italia y España donde se ha desarrollado más estructurada y ordenadamente.

Son muchas las especies y razas que han trashumado en nuestro país, pero hay dos con un protagonismo especial: la oveja merina y la vaca avileña.

El desarrollo de la trashumancia ha sido un proceso largo y complejo. Un proceso que ha implicado a pastores y ganaderos, así como a los estamentos sociales que permitieron y favorecieron su práctica mediante privilegios y legislaciones.

La fecha de la que podemos partir para hablar de la trashumancia tal como ha llegado hasta nosotros a día de hoy podríamos fijarla en el año 1273, año en que el Rey Alfonso X El Sabio fundo el llamado Honrado Concejo de la Mesta.

Para realizar los desplazamientos de los ganados era necesario disponer de una adecuada red de caminos específicos, conocidos con el nombre genérico de "vías pecuarias". Dichas "vías" cumplen dos funciones fundamentales: Por un lado, sirven de espacio de parada y descanso para unos rebaños que se trasladan a través de largos recorridos. Por otro, cumplen también el papel de "pastizal alargado". ¿Qué quiere decir esto? Que, mientras se desplazan de unos pastizales de verano a otros de invierno y viceversa, el ganado necesita comer. Hay que tener en cuenta que algunos viajes duraban hasta un mes.

Como vías principales, en la península ibérica existían seis Cañadas Reales: Leonesa Occidental y Leonesa Oriental; Soriana Occidental y Soriana Oriental; la Segoviana y la Conquense. Había además muchos ramales, tales como el que pasa rozando el término municipal de nuestro pueblo: el Camino Real, cuyo origen parte de la Cañada Real Soriana Occidental.

En la provincia de Ávila tenemos dos "ramales" de las Cañadas Reales: uno comunica la meseta superior con las dehesas manchegas y extremeñas a través del puerto del Pico, situado en el extremo oriental del Macizo Central de la sierra de Gredos. Y el segundo comunica la meseta superior por el puerto de Tornavacas, en el extremo occidental del citado Macizo Central de la sierra de Gredos, con las dehesas extremeñas.

Este segundo es el que decimos un poco más arriba que pasa rozando el término municipal de nuestro pueblo a través del llamado "Camino Real": parte de la ya citada Cañada Real de Soriana; atraviesa gran parte de la provincia de Ávila y, llegado al Puente de las Aceñas, discurre bordeando el rio Aravalle por su orilla izquierda y desemboca en el ya citado puerto de Tornavacas. Continúa por el valle del Jerte y llega hasta las citadas dehesas extremeñas.

Las vacas que iban a Extremadura desde los pueblos de la sierra – Navalonguilla, La Nava, Tormellas, etc. - pasaban por cientos por el centro de nuestro pueblo. Era un espectáculo hermosísimo, la gente de Navatejares disfrutaba viéndolas pasar. Eso sí, resguardados tras las puertas de las casas, no fuera a ser que alguna se desmadrara y creara algún problema.

TRASHUMANCIA, TURISMO Y CULTURA POPULAR

No vamos a extendernos mucho al hablar de la importante incidencia de la trashumancia en la cultura popular y, más modernamente, en el turismo. Pero sí queremos dejar constancia de la importancia de este fenómeno en ambos apartados.

Tantos siglos de actividad trashumante han dejado testimonio en la cultura popular. La trashumancia era y es una forma de vida Por ello nos ha dejado un ingente testimonio etnográfico, que abarca prácticamente todos los ámbitos de la vida.

Por otro lado, la tradición oral nos ha dejado historias de pastores, refranes, dichos y canciones. De entre los refranes destacaremos uno que dice así: "el que sanjuanea marcea".

En su soledad el pastor dedicaba su tiempo de descanso a producir obras de auténtica artesanía: cajas, tarteras calcetines, zamarras y un largo etcétera. También fabricaban rabeles, chiflas y flautas.

14.- **FERIAS Y MERCADOS**

Navatejares ha dependido y sigue dependiendo de El Barco en cuanto a ferias, mercados, bancos y comercio en general.

El rey Alfonso VIII, en la Edad Media, concedió a El Barco el privilegio de poder celebrar dos ferias durante el año: la primera en los días 1, 2 y 3 de marzo y la segunda en los días 12, 13 y 14 de octubre. El duque de Alba concedió una tercera feria en los días 6, 7 y 8 de mayo, y luego vino una cuarta que estableció el propio Ayuntamiento de la villa los días 10, 11 y 12 de agosto.

Estas ferias tenían por objeto la compra-venta, sobre todo de animales. Había en ellas un lugar donde se exponía el ganado vacuno que fuera objeto de dicha compra-venta. Había otro donde se exponían el resto de ganados: cochinos, ovejas, cabras, asnos y caballos. Los tratos de las compra-venta que se llevaran a cabo durante dichas ferias se sellaban con un apretón de manos entre el vendedor y el comprador.

Por otra parte, alguna de las ferias era también una fiesta. En este sentido, la más atractiva para los muchachos ha sido siempre la de octubre. En ella había un día dedicado a los niños, a quienes se les llevaba a la feria para que disfrutaran de algunas atracciones. Yo recuerdo que en una ocasión trajeron una noria y en otra un baile de "palos". Ese día los padres que tenían hijos pequeños estiraban un poco la cartera o la faltriquera y les compraban alguna chuchería.

MERCADO DE LOS LUNES

De la misma manera que el rey Alfonso concedió a la villa de El Barco el privilegio de celebrar las distintas ferias, le concedió también poder celebrar el mercado todos los lunes del año. En dicho mercado se vendían también todo tipo de ganados. A día de hoy el mercado de los lunes ha quedado para facilitar encuentros entre personas de los distintos pueblos de la comarca y para hacer algunas compras para la semana.

15.- **CASAS RURALES**

Ya hemos dicho que Navatejares ha sido un pueblo mayormente agrícola y ganadero. A finales del siglo pasado se pusieron de moda las "Casas Rurales" como consecuencia de que el hasta entonces turismo de playas comenzó a mirar hacia el interior del país. Ante la despoblación de muchos municipios se comenzaron a remodelar muchas de las casas que estaban inhabitables para poderlas dedicar al alquiler cuando los turistas se interesaron por la zona.

En nuestro municipio, que abarca Navatejares, Cabezas Bajas y Cabezas Altas, hay 22 Casas dedicadas a esta actividad: seis en Navatejares; nueve en Cabezas Bajas y siete en Cabezas Altas.

16.- **FIESTAS**

Con tantos trabajos que atender, algunos podrían pensar que no había tiempo para fiestas. Pues sí, afortunadamente había tiempo para todo. Como quiera que en cada familia había una media de 4 o 5 miembros, había gente suficiente para atender todos los distintos trabajos que se desarrollaban en el transcurso de la semana. Algunos de ellos, como atender al ganado, no entienden de "día de diario" o de "día festivo".

FIESTAS RELIGIOSAS

La más celebrada era y sigue siendo la del santo patrón del pueblo: San Bernabé. Se celebraba y se sigue celebrando los días 11 y 12 de junio. Y, sin que sepamos por qué, a esta fiesta se le añadió la de San Antonio de Padua el día 13. Eran tres días en los que el pueblo dejaba a un lado sus ocupaciones habituales, salvo, claro está, la atención a los animales.

En dichas fechas, si el año venía calentito climatológicamente hablando, la gente joven solía estrenar la temporada de baño en el Tormes.

Cada día de la fiesta se celebraba la misa mayor y se sacaba en procesión por todo el pueblo la imagen del santo patrón. La procesión iba acompañada por la dulzaina y el tamboril que venían, se supone contratados por el Ayuntamiento, de un pueblo llamado Junciana. Terminada la misa y la procesión, los músicos tocaban unas "vueltas" en la plaza para que la juventud fuera calentando motores hasta la hora de la comida.

Por la tarde tenía lugar el baile ya en serio, en el cual participaba toda la juventud y algunas parejas mayores que todavía se atrevían a mover el esqueleto hasta la hora de cenar, cuando cada cual se retiraba a su casa para después, a las 11 de la noche, si la noche estaba templada y tranquila, volver al baile a la plaza. Por el contrario, si la noche estaba fresquita o llovía, el baile tenía lugar en el local que ocupaba antiguamente el Ayuntamiento y la escuela de los muchachos.

En esta fiesta la gente se ponía al día en las canciones de moda que traían los músicos, ya que, por aquellas fechas, en el pueblo no había radios ni televisores.

Además, era costumbre muy extendida que la juventud de cada pueblo se desplazara al "pueblo en fiestas" de cada momento para bailar, pasarlo bien y... lo que saliera. Normalmente el desplazamiento hasta el pueblo en fiestas se hacía andando y la verdad es que se pasaba muy bien.

¿Qué podía salir de cada fiesta? Pues... al juntarse jóvenes de ambos sexos surgían noviazgos que más tarde terminaban en boda. Y así se fueron mezclando familias de distintos pueblos.

Al respecto había una costumbre: si una chica se echaba novio de otro pueblo que no era el de ella, la primera vez que el novio fuera al pueblo de la chica debía de invitar a los mozos de dicho pueblo a vino en la taberna. De lo contrario le bañaban en una de las fuentes del pueblo, aunque fuera en el mismísimo mes de enero.

A título de curiosidad diremos que las fiestas más concurridas por nuestros jóvenes eran las siguientes: El 24 de junio era la fiesta en Navamures; el 29 de junio en Cabezas Altas; el 25 de Julio en El Barco; el 26 de julio en La Carrera; el 15 de agosto en Tormellas; el primer fin de semana de septiembre en El Barco; el 11 de septiembre en La Canaleja. A estas Fiestas solían acudir solamente los mozos y mozas. También era costumbre que el pueblo anfitrión invitara a alguna familia de otro pueblo con la que mantenía una especial relación.

Además de las fiestas patronales se celebraban también las propuestas por la Iglesia: Navidad, Año Nuevo, Reyes, San José, Semana Santa y Pascua de Resurrección, La ascensión, Corpus Christi, San Pedro, Santiago, La Asunción de la Virgen, Todos los Santos, La Inmaculada Concepción de la Virgen...

En la época que estamos tratando de dar a conocer a las generaciones actuales y venideras, la gente del pueblo era bastante religiosa, por lo que solía respetar el tercer mandamiento que ordena "santificar las fiestas". Por consiguiente, en día festivo no se solía trabajar, salvo en la atención a los animales. Lo prioritario era hacer baile o, como durante la Cuaresma, organizar juegos.

SEMANA SANTA

Hacemos mención especial a la Semana Santa por cuanto eran unas fiestas que se celebraban con una especial devoción.

Pasados los carnavales, a partir del miércoles de ceniza se cubrían con telas moradas todas las estatuas de los altares, que permanecían así hasta el día de Jueves Santo, en cuyos oficios religiosos se volvía a cantar el Gloria, momento en el que se volvían a descubrir. Durante toda la Cuaresma no se hacía baile en los días festivos y se hacían, en cambio, reuniones entre la gente joven, cada cual con su pandilla, para jugar a las cartas, hacer chocolate, etc.

El día de Jueves Santo se ponía el "Monumento", que era velado hasta los oficios religiosos del Viernes Santo, por turnos ininterrumpidos, entre las personas que se ofrecían para ello.

Llegado el Domingo de Resurrección se hacía una procesión por todo el pueblo. Los hombres por un lado con el niño Jesús y las mujeres por otro con la Virgen María. Ambas se juntaban en la plaza y se cantaba una canción muy bonita que decía así: *"Quita el manto de dolor y ponte el de la alegría, que el que murió en el madero (la cruz) resucitó en este día".*

Terminaba el Domingo de Pascua con las pandillas de muchachos y muchachas, mozos y mozas yendo al campo a comerse "el hornazo", un bollo muy rico con chorizo y lomo en su interior.

FIESTAS CIVILES

Aparte de las Fiestas Religiosas se celebraban otras de tipo civil. Con tanta población como tenía el pueblo en la época a que nos estamos refiriendo, lo normal era que hubiera noviazgos, seguidos a su tiempo de bodas.

La duración de las mismas se fijaba en tres días aproximadamente, según los posibles de cada cual. En todas las bodas había los llamados "mozos de novio" o "mozas de novia". Se trataba de mozos y mozas invitados a la boda, bien por ser familia de uno de los contrayentes o por amistad. La misión de estas personas era ayudar en las tareas que acarreaba la boda. Había que hacer acopio de alimentos y ayudar en todo aquello que la boda conllevara. En ellas había baile y la primera noche de los novios los mozos solían ir a rondarlos allí donde se hubieran alojado. A veces de una boda salía otra entre dos personas que hubieran estado entre los invitados.

17.- **JUEGOS**

A lo largo del año se practicaban muchos juegos, según la época. Había juegos específicos de los muchachos y otros más propios de las muchachas, así como otros que eran tanto para los chicos como para las chicas.

JUEGOS DE MUCHACHOS

❖ A MORRA. Este juego consiste en que uno de los jugadores se apoya en un "machadero" de manera que los demás van subiéndose encima de sus costillas. Si son varios los que logran "cabalgar" (y a cada uno que lo intenta le resulta más difícil) quien se caiga del "burro" en primer lugar tiene que sustituir al que se puso el primero. Y... vuelta a empezar.

❖ A PIDOLA. En este juego uno de los chicos se pone encorvado para que los demás que participan vayan saltando por encima poniendo las manos sobre la espalda del encorvado. Una vez ha saltado se pondrá en situación para que todos vayan saltando y haciendo una cadena.

❖ ZURRIAGAME LOS COLCHONES. En este juego un chico armado con un "zurriago" corre detrás de los demás participantes, y si da a uno con el zurriago antes de que éste pueda ponerse a salvo, el "zurriagado" deberá coger el zurriago e intentar dar a otro para que le sustituya. Y… así hasta cansarse.

❖ A LAS AGALLAS. Las agallas son un producto de los robles que los chavales cogían para jugar con ellas. En las tardes de primavera, cuando las tardes eran ya largas, a la salida de la escuela jugábamos con ellas "a las vacas" y se pasaban los ratos estupendamente: las llevábamos a los prados que hacíamos con el propio polvo de los suelos o con piedrecitas, las separábamos, las juntábamos y hacíamos con ellas algunas de las tareas que hacían los mayores con las vacas de verdad.

❖ AL GüA. Además de las agallas los robles producen también los llamados "agallones". A diferencia de las "agallas", los agallones son redondos y con ellos jugábamos al "guá". Se hacía un agujero (guá) en el suelo y cada muchacho llevaba sus agallones. El juego consistía en intentar meter en el "guá" cuantos más mejor y desde una distancia marcada de antemano. En el juego se podía ganar o perder. Cada cual, al final del juego, se llevaba los que hubiera ganado.

❖ LA RODANCHA. La "rodancha" era una especie de "rueda" con que se terminaba la construcción de los calderos de entonces. Una vez que el caldero dejaba de servir para lo que había sido hecho, se le quitaba esa rueda y con un gancho de hierro que nos hacían los mayores, corríamos empujándola con el gancho y también pasábamos muy buenos ratos.

❖ LA CHIRUMBA. Este juego se solía jugar en la "huertacasa", por la tarde y a la salida de la escuela. Consistía en hacer tantos hoyos en la tierra como jugadores había. Se echaba a suertes para ver quién comenzaba a buscar la "bigarda", que era un palo como de 10 centímetros de largo y bastante fino. Al condenado a buscar la "bigarda" se le tapaban los ojos para que no viera en qué círculo se había escondido y, mientras la buscaba se le cantaba: *"Busca, busca la bigarda que en el culo bien te amarga, busca, busca el bigardón que en el culo bien te amargó"*. Si la descubría, el dueño del círculo en que se había guardado tomaba el testigo y se repetía el juego.

❖ BAILAR LA PEONZA. la peonza es una pieza de madera que aún hoy todavía existe y con el que los niños todavía juegan. En la punta más aguda se encaja una pequeña pieza metálica de hierro o algún material parecido al hierro. Se enrolla una cuerda alrededor de esa punta metálica y se lanza la peonza al suelo para que "baile". Requiere, eso sí, aprender antes a manejar dicho lanzamiento. Resulta muy entretenido.

JUEGOS DE MUCHACHAS

- ❖ LA COMBA. Se juega en la calle con una soga de 3 o 4 metros de longitud. Dos muchachas cogen dicha soga, cada una de un extremo, y mueven la cuerda para que una tercera (o más) salte sin que la cuerda la "pille". La que resulta "pillada" sustituye a una de las que manejan la soga y la que deja la soga puede intentar saltar al ritmo que se mueve la soga. Y así hasta que se cansen.

- ❖ LA RAYUELA. Se dibujan seis cuadros en la tierra. La jugadora tiene que hacer llegar la "tanga" (rollo plano del río liso y no muy gordo) al último cuadro, saltando sobre cada cuadro y sin saltarse ninguno.

- ❖ EL CORRO DE LA PATATA. Este juego es conocido en todo el mundo. Se juega así: un grupo de muchachas, cogidas de la mano y dando vueltas en redondo, cantan: *"Al corro la patata, comeremos ensalada, lo que comen los señores, naranjitas y limones. Achupé, achupé, sentadita me quedé"*.

- ❖ DONDE VA "LA MI COJITA". En este juego las chicas se colocan en dos filas paralelas, haciendo calle, y una pasa entre las dos filas caminando con una sola pierna, al tiempo que las que le hacen el pasillo cantan: *"¿Dónde va la mi cojita, mirusí, mirusá?"* Y la cojita contesta: *"Voy al campo a por violetas, mirusí, mirusá"*. Así varias veces, cambiando de "cojita".

❖ AL ESCONDITE O A LA MAYA: Este juego, en realidad, es mixto, tanto de chicos como de chicas. Consiste en echar a suertes para ver quién se tapa los ojos mientras el resto de jugadores/as se esconden. El de los ojos tapados cuenta hasta veinte e inmediatamente sale en busca de alguno y al que pilla le releva. Así hasta que se cansan.

❖ LAS TABAS. Este también podemos considerarle como juego mixto, si bien era más frecuente ver jugando a chicas que a chicos. Las "tabas" son unos huesos de las rodillas de las ovejas y de las cabras, obtenidas de los animales que se iban sacrificando por diferentes motivos. La "taba" tiene cuatro caras: Hoyo, tripa, liso y carnero. Con un pequeño rollo del río (redondo a ser posible y ligero de peso) se le lanzaba al aire y había que coger una taba antes de que el rollo bajara. La posición de las tabas iba por orden: Primero "hoyo", luego "tripa", luego "liso" y luego "carnero". Por supuesto, la que no estaba en la situación que tocaba había que rodearla antes de cogerla. Si no atinabas o se te caía el rollo pasaba a jugar otra muchacha o muchacho.

JUEGOS DE MAYORES

❖ JUEGO DE LA CALVA. Este juego era de "mozos" y hombres en general. Consistía en colocar en el suelo un pequeño tronco de madera, debidamente trabajado. Se componía de una base plana, para mantenerse "en pie" y otra parte elevada en horizontal a la que había que golpear con un "marro" (rollo del río de unos diez centímetros de largo, bien redondeado) desde una distancia marcada. Se solía jugar durante el tiempo en que las labores ganaderas y agrícolas no pedían atención. ¿Cuándo? Los domingos y festivos a la salida de misa en la llamada "huertasanto". A este juego podemos ver todavía hoy jugar a nuestros mayores.

Aparte del juego de la "la calva", entre los "mozos" y hombres mayores había mucha afición a jugar "a las cartas". Normalmente se jugaba en alguno de los tres bares existentes en el pueblo: en el llamado "Almacén del tío Serrano", que estaba en la plaza en la que hoy es casa de Ramón; en el llamado "Café de tío Segundo", hoy casa de Demetrio y Angelita; y, por supuesto, en el "Bar de Juanito", hoy regido por Ernesto y Yoli.

El juego preferido era "el cinco y caballo", en el cual las tres cartas más valiosas son: el cinco de bastos, el caballo de bastos y la sota de oros. A estos tres les sigue "la malilla" (el dos de cada palo) y luego los reyes, los caballos, etc. Las mujeres que gustaban de los juegos de cartas solían jugar en casa de una de ellas y el juego más practicado era "la brisca", seguida de los "cuernos abiertos" o "cuernos cerrados".

Como decíamos al principio de los juegos, no había tiempo para aburrirse.

RECUERDOS POÉTICOS

Cuando decidí plasmar por escrito estos recuerdos no me propuse hacer "alta poesía", pues estoy convencido de que yo tengo de poeta, si acaso, ese punto que dice el "dicho" que tenemos todos: "De poetas y de locos todos tenemos un poco". Realmente lo he hecho para exteriorizar esos sentimientos que llevo dentro de mi (cosa que me supone un gran esfuerzo) y para que los míos puedan hacerse una pequeña idea de cómo era la vida en Navatejares durante los primeros años de mi vida, ahora que ha cambiado tanto.

Sé que se me quedan muchas cosas en el tintero y que podía haberlas incluido en esta pequeña historia, pero no he pretendido ser exhaustivo.

Federico

Recostado mansamente

Entre robles y frutales

Va conjugando su historia

Mi pueblo: ¡Navatejares!

El sol, en su timidez,

Llama temprano a sus puertas

Y dibuja una parábola

Del Almanzor a La Ceja.

El "Pelaillo" le abraza

Y en su regazo le acuna.

El Calvitero le vela

Bajo la luz de la luna.

Muy galante, Montenegro

Le abre paso a la meseta.

El Tormes rinde sus aguas

A los pies de su ribera

Y acaricia tus canchales

Testigos de mil leyendas,

De mil requiebros de amores,

De piropos y de penas.

Quiero avivar mi memoria

Y aunque ya lejano queda,

Recuperar mi pasado

Recorriendo sus veredas.

Vine al mundo en su regazo,

Mi familia es una mezcla

De abolengo lugareño

Con una "rama" extremeña.

Mis padres Tomás y Cándida.

Hermanos, Carmen, Vicenta,

Julio y Santiago (el mayor).

Fui bautizado en tu iglesia,

Crecí jugando en tus calles

A la "maya" y la "rayuela",

A la "comba", a la "chirumba",

Al "gua", a "morra", a las "prendas",

"Zurriágame los colchones",

A los "cartones" y "chapas",

A las "agallas" y a "pídola",

"Agallones" y "rodancha".

También aprendí a leer

En tu muy modesta escuela.

Fue Don Primi mi maestro

(Un maestro de primera),

Que logró infundir en mí

El amor por la poesía,

Por la prosa y la lectura,

La Historia y la Geografía.

Siempre presto a examinarnos

De montes y cordilleras

de ríos, golfos y cabos,

De esta hermosa patria nuestra.

A cualquier hora del día

En vacaciones y fiestas

Cualquier momento era bueno

Para "refrescar" materias

(Así me fue modelando

Mi niñez y adolescencia).

Maestro por vocación,

Dejó tras él esa estela

De los grandes personajes

"Pa" las gentes venideras.

Quiero recordar también

Tu "iglesia" humilde y sencilla

En la que fui bautizado

Apenas con siete días.

Fue el comienzo de algo hermoso

Que yo entonces no entendía,

Pues... ¡era yo tan pequeño!

El tiempo se encargaría

De hacer que aquella semilla

Siga viva todavía.

Guardo muy vagos recuerdos

De los curas que venían

Desde El Barco los domingos

Cuando en el pueblo no había:

Don Julián, Don Nicolás

Sembraron siempre alegría

En aquellas buenas gentes

Tan humildes y sencillas.

Vino después Don Miguel,

-para quedarse venía-

Un poco mayor y sordo

Pero de gran bonhomía.

Me tomó por monaguillo

-decir cuándo no sabría-.

Era bastante "encogido"

Para darnos la propina:

Nada los días normales,

Los domingos... "perra chica".

La "perra gorda" si acaso

En fechas muy escogidas.

Era un cura muy querido,

A pesar de esas cosillas,

Por todos los monaguillos

Que sentimos su partida.

Se retiró a La Carrera

Su pueblo, el de su familia,

A donde, de vez en cuando,

Le hacíamos una visita

Para alegrarle las tardes

Con nuestra limpia alegría

De muchachos inocentes

Que siempre nos agradecía.

En un dieciséis de mayo

-siete años sólo tenía –

Me "dieron" la Comunión:

La primera de mi vida,

Para asistir a un Congreso

Que en Barco celebraría

El día veinte de mayo

Al que, al final, yo no iría.

Recuerdo con emoción

Todo lo que allí ocurría

Y que mis ojos de niño

Guardaron en sus retinas.

Tal vez lo haya idealizado,

Pues dura debió ser la vida

Para aquellas pobres gentes

Que con tan poco vivían.

Trabajaban sin desmayo

Todas las horas del día,

Todos los días del año,

Durante toda la vida,

Cada estación un quehacer,

Cada día una faena.

Primavera: Arar los campos

Para realizar la siembra

De patatas, de judías,

Lechugas y tomateras.

Hay que regar bien los campos

Para que crezca la hierba

De forma que por San Pedro

Pueda operarse la siega.

Yo he visto segar el "soto"

Por una cuadrilla extensa,

Y emociona ver el ritmo

Que imprimían a la siega,

Casi siempre acompañada

De canciones de la tierra.

Después, convertida en heno,

Hasta el corral se la lleva

Por yuntas que van y vienen,

Que ocupan la carretera

Y los caminos del pueblo.

En los payos se almacena.

En verano: cerrar heno

Después de segar la hierba,

Regar las huertas sembradas,

Segar la mies en las "tierras",

Acarrearla en los carros,

Depositarla en las eras,

Trillarla al ritmo cansino

De yuntas un poco lentas.

Sentados sobre los trillos

Bajo una cruel solanera,

Cubiertos con un sombrero

Dando vueltas y más vueltas

Hasta triturar la parva

Al son de unas cantinelas.

Luego recoger la parva

Y rezar "pa" que no llueva.

Esperar que sople el aire

Para limpiar la "cosecha".

La paja hay que almacenarla.

Hay que llenar la "despensa"

Por si acaso la otoñada

Viniera escasa de hierba.

El grano sube a las trojes

Que hay en todas las viviendas

Hasta que llegue el momento

De llevarle a la molienda.

En las noches de calor

La gente sale a las puertas,

Se sienta en los "machaderos"

Para disfrutar la "fresca"

De charla entre los vecinos.

Y se cuentan "historietas"

De pastores y de lobos,

De alegrías y de penas.

En primavera y verano

Se disfrutaban las Fiestas:

San Bernabé (mes de junio)

Y San Pedro en Las Cabezas,

Santiago en Barco de Ávila,

Virgen de Agosto en Tormellas,

El Cristo (mes de septiembre)

Y ya en octubre, ¡La Feria!

Que duraba cuatro días

Cada cual con su leyenda,

Desde el día del Pilar

Hasta el de Santa Teresa.

En otoño: recoger

Los frutos que ha "dao" la tierra,

Las judías, los tomates,

Las manzanas y las peras.

Hay que buscar algún hueco

Para subir a la "sierra",

Bien con burros, bien con vacas

Y hacer acopio de leña.

El invierno será largo

(Hoy nadie ya lo recuerda)

Y no se verá más calor

Que el calor de las hogueras.

Más "alante" las patatas,

La remolacha y las berzas

"Pa" alimentar al ganado.

En invierno hay poca hierba.

¡Qué bello el ir y venir

De los hombres y las bestias!

El sonar de los cencerros

Y el chirriar de las carretas.

Hay que engordar el cochino

Que se crió en primavera.

Luego vendrá la matanza

"Pa" reponer la despensa.

Hay que "romper" los trigales,

Hay que hacer la sementera,

Hay que derramar el trigo

"Pa" la próxima cosecha.

¿Y en invierno?

¿No hay quehaceres?

¿Se acabaron las faenas?

¡No hay tiempo para el descanso!

Otros quehaceres "acechan".

Hay que limpiar los caminos,

Los senderos, las veredas.

Hay que atender al ganado,

Hay que estercolar las huertas.

Limpiarlas de todo aquello

Que pueda impedir la siembra:

De yerbajos y matojos,

De espinos y malas hierbas.

Hay que recoger las hojas,

Antes de la primavera,

De los robles y los prados

Y renovar regaderas.

Para que el agua discurra

Por esa especie de venas

Cuando se pueda regar

Para que crezca la hierba.

¡Son tan bellos los recuerdos

Que almacena mi memoria

De aquella etapa lejana

Que reposa ya en la historia!

Pero, hay muchos, muchos más.

Oigo pasos en mis sueños

Grandes piaras de vacas

Al ritmo de sus cencerros,

Camino de Extremadura

Hacia los pastos de invierno.

Oigo lejanas esquilas

Y su dulce tintineo.

Sueño rebaños de ovejas,

De cabras y de borregos

Que salen de sus apriscos

Camino del pastoreo.

Veo correr los cochinos

Como si fueran posesos

Camino de las zahúrdas

Cuando los suelta el "porquero".

Por las mañanas temprano

Lo mismo que por las tardes

Todo se llena de vida:

Sus callejones, sus calles

Bullen con ese bullir

Que tienen los animales:

Vacas de acá para allá

Saliendo de sus corrales.

Los "vaqueros", vigilantes,

Por si acaso se encontrasen

Con las de otros vecinos

Y pudieran "engancharse",

Van camino de los prados

Bien de verano o de invierno.

Si de invierno, por el día;

Si de verano, "al sereno".

Las distintas "pastorías"

De ovejas y de carneros

Salen también del aprisco

Para iniciar "el careo".

A su lado los pastores

Morral al hombro y sombrero.

Cerca, sus perros guardianes:

La "Checle" y el "Carbonero".

Por otro lado, las cabras

Al cuidado del cabrero,

Cargo ejercido por turno

De sus respectivos dueños.

Es una hermosa sonata

Contemplar este hormigueo

Al ritmo de las esquilas,

De "changarros" y cencerros.

Muchas cosas más se agolpan

En mis lejanos recuerdos

Un tanto ya idealizados

Por el paso de los tiempos.

Hoy te veo diferente:

Has remozados tu aspecto,

Has hermoseado tus calles,

Tienes aires más modernos.

Pero no encuentro esa vida,

Y ello me causa tristeza,

Que en tiempos ¡ay! Ya remotos

Discurría por tus venas.

Ya no hay voces infantiles,

Tus calles están desiertas,

Ya no hay mozos que cortejen

A las mozas en sus puertas,

Ni labriegos laboriosos

Que trabajen ya sus tierras

Y luchen por arrancarlas

Cada año sus cosechas.

Convertida en un erial

Está toda tu "ribera"

Comida por los espinos.

¡Cómo no sentir tristeza!

No hay vacas que pasten ya

La hierba de tus praderas,

Que alegren con sus cencerros

Los días de primavera.

Ya no hay ovejas ni cabras

Que limpien tus malas hierbas,

Que liberen de las zarzas

Tus caminos y tus sendas,

Que alegren con sus esquilas

Del Tormes sus dos riberas,

Que trisquen por sus canchales

Mientras sus aguas reflejan,

En su claridad profunda,

Aquel cielo azul turquesa,

Aquellos fresnos y alisos

Que, de siempre, le cortejan.

Profundo dolor me causa

Ver que se pierde la estela,

Ver que agoniza la vida,

Que triste y solo te quedas.

Pero no quiero cerrar

Esta confesión sincera

Como si toda esperanza

Perdida ya la tuviera.

Espero que, con el tiempo,

(La historia de muchas vueltas)

Vuelva a correr por tus calles

Sangre joven, sangre nueva,

Que te devuelva la vida

Que orgulloso conjugaste

Desde tu cuna hasta hoy

En un alarde constante

De pundonor y humildad.

Quiero guardar mientras viva

Aquella imagen vivaz

Que el tiempo, terco, se empeña

En destruir y anular.

Federico García Prieto

Madrid, mayo/2006

EPÍLOGO

El prólogo del este libro anuncia el cariño con el que se ha hecho, y este se refleja en sus páginas, igual que lo hace de manera constante en la vida de sus autores, Nicolas y Federico. Ese cariño que tan fácilmente comparten en el día a día tiene mucho que ver con lo vivido en su pueblo en sus años de infancia. Ese pueblo pequeño pero autosuficiente, con un vínculo profundo con la naturaleza que le rodea, del que tan orgullosos han estado siempre.

Por eso, leer estas páginas es algo muy especial. Es una puerta que se abre hacia un pasado entretejido por muchas manos de hombres y mujeres que cuidaron y sostuvieron la vida en común, un ejercicio de memoria más necesario que nunca en estos momentos que transitamos ahora, con tanta incertidumbre y olvido a nuestro alrededor.

Pero también hay que decir que el libro no está completo. Faltan algunas partes por desarrollar, como la de las tareas invernales, y hay trabajo de investigación en los archivos del pueblo que aún están pendientes para completar esta obra. Aun así, nos parece que poder publicarlo así, tal cual está a día de hoy, permite visibilizar el trabajo realizado hasta ahora e invitar a continuarlo a quien quiera ponerse a ello. No es, de esta manera, la obra definitiva sobre Navatejares, pero si una recuperación de la memoria que es esencial compartir y una invitación a seguir avanzando en esta senda, animados por el cariño y la ilusión con los que Nicolás y Federico comenzaron este proyecto hace ya unos años.